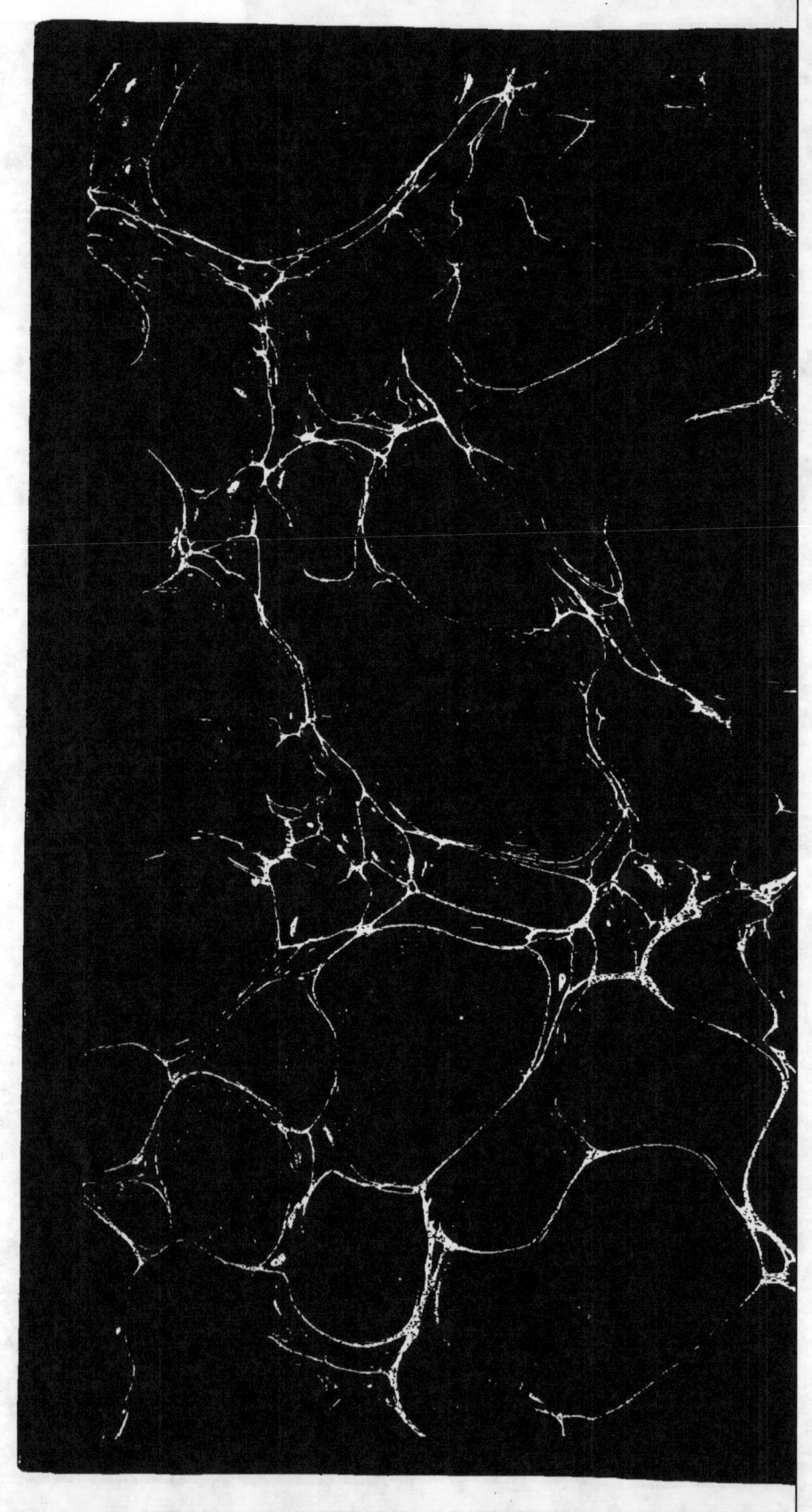

Lk 7/1735

I

FESTIVAL CHALONNAIS. — 1842.

PREMIÈRE PARTIE.

Notice historique d'introduction

sur

Le couvent des Cordeliers de Saint-Laurent-lès-Chalon.

PAR

E. Pérusson, avocat.

CHALON S. S.
IMPRIMERIE DE J. DUCHESNE, RUE ST-ANTOINE, 6.
1842.

FESTIVAL CHALONNAIS.

1842.

FESTIVAL CHALONNAIS. — 1842.

PREMIÈRE PARTIE.
Notice historique d'introduction

sur

Le couvent des Cordeliers de Saint-Laurent-lès-Chalon.

PAR

E. Pérusson, avocat.

CHALON S. S.
IMPRIMERIE DE J. DUCHESNE, RUE ST-ANTOINE, 6.
1842.

Deux mots au lecteur.

Les traditions orales s'éteignent souvent avant la fin d'une génération. Combien peu de vieillards sont en état de nous donner de vagues renseignements sur les faits dont ils ont été témoins dans leur jeunesse? Les hommes mûrs eux-mêmes ont aussi de vastes lacunes dans leur mémoire. Les traditions écrites, les chroniques locales sont presque toujours enfouies dans de volumineuses collections aussi dures à digérer que les pierres mangées par Saturne.

Ce serait donc une tâche utile, suivant nous,

que d'extraire des effrayants in-folio de nos vieux écrivains, tout ce qui peut intéresser encore le lecteur le moins dévoué à sa localité, de recueillir nos dernières traditions avant qu'elles ne tombent fatalement dans l'oubli. Nous avons depuis longtemps ce projet, nous lui avons même donné quelques commencements d'exécution jadis; il ne nous manque, pour continuer, qu'une fortune qui nous permette de faire présent de nos publications à nos chers concitoyens, attendu qu'ils paraissent beaucoup moins se soucier de l'histoire que de leurs affaires, ce qui est assez juste, quoique les unes n'excluent pas l'autre. Or, comme la fortune aveugle ne nous a point encore heurté dans son chemin, bien nous en a pris de ne pas courir les chances d'une générosité forcée; notre gloire seule en pâtira !..... c'est peu de chose.

Le festival chalonnais de 1842, donné dans l'église du couvent des anciens Cordeliers, nous a cependant inspiré l'idée de saisir l'à-propos pour lancer dans l'éternité une notice historique sur ce vénérable édifice dont les phases offrent un exemple frappant de l'instabilité des choses humaines. Cette notice, quelque jugement qu'on en porte, sous le rapport de la forme, ce dont nous nous inquiétons fort peu, ne paraîtra pas dépourvue de cet intérêt qui fait battre les cœurs encore sensibles à l'amour du pays et au souvenir des ancêtres; — peut-être distraira-t-elle quelques amateurs pendant les intervalles musicaux du festival? Cette lecture même pourra faire naître plus d'une réflexion philosophique dans cette circonstance! Quand notre humble petit livre n'aurait que ce mérite, cela nous suffira pour ne pas regretter de l'avoir mis au jour : nous ne sommes ni ambitieux ni vaniteux.

Le compte-rendu du festival ne pouvant paraître en même temps que la notice, sera ordonné de manière à en former le complément indispensable.

PREMIÈRE PARTIE.

NOTICE

Historique d'introduction sur le Couvent des Cordeliers de St – Laurent – les – Chalon.

1.

ILLUSTRATIONS DU FAUBOURG SAINT - LAURENT. — ANCIEN ÉTAT DES LIEUX. — PAS D'ARMES DE LA FONTAINE DE PLOURS. — JANUS D'OR. — PROJET DE FONDATION. — PHILIPPE - LE - BON. — BULLE DE NICOLAS V.

Le faubourg Saint–Laurent, beaucoup moins considérable et moins peuplé que de notre temps, était cependant autrefois une ville ayant : 1° châtellenie, à laquelle ressortissaient la ville de Seurre et 121 villages, avec châtelain, lieutenant, procureur du roi et son greffier ; 2° un parlement pour le comté d'Auxonne et les terres d'outre-Saône ; 3° des états, pour asseoir les contributions ; 4° un hôtel des monnaies fondé par Charles-le-Chauve ; 5° un prieuré illustré par un concile en 873, et dont l'origine remontait à saint Grat, évêque de Chalon, en 658; 4° enfin, une commune avec des échevins et de bons et beaux privilèges.

Il y avait, dans ce temps-là, une prairie assez vaste, allant depuis la *pointe du Cochard* (aujourd'hui la rotonde située à l'extrémité de l'hôpital, lequel n'était point encore construit), jusqu'à *une petite maison ou écurie, au derrière de laquelle était un jardin* (1) qui occupait en partie l'espace rempli de nos jours par la caserne, ancien couvent des Cordeliers, et la rue qui est en face. Cette prairie s'étendait le long de la Saône, à droite du pont et vis-à-vis; on y arrivait sans obstacles, car il n'y avait aucune des constructions qui l'ont couverte par la suite; elle allait rejoindre le bras de la Genise qui l'arrosait du côté du midi.

Ce lieu champêtre devint célèbre dans les

---

(1) Perry, *Hist. de Chalon*, p. 282. — Berthaud, *Illust. Orb.*, t. II, p. 158.

annales chalonnaises, avant d'être consacré au service de Dieu et de l'humanité. Ce fut dans cette prairie, devant la petite maison ou écurie, à la place même de l'hôpital et de son jardin, qu'eut lieu, en 1449, le fameux *pas-d'armes* que donna, en l'honneur de sa dame, messire Jacques de Lalain, issu d'une des maisons les plus illustres des Pays-Bas et de la Picardie. Cette brillante solennité chevaleresque avait attiré un grand nombre de gentilshommes de la Bourgogne : le duc Philippe-le-Bon y avait envoyé Toison-d'Or, son roi d'armes, pour y juger les coups ; on y remarquait Guillaume de Sercy, bailli de Chalon, Pierre de Goux, depuis chancelier de Bourgogne ; Pierre Chandios, les seigneurs de Mirebeau, de Charny, de Sey ; les Toulougeon, Pierre Vasque et une foule d'autres notabilités féodales ; le duc d'Orléans et Marie de Clèves, sa femme, l'honorèrent de leur présence et voulurent voir et entendre le *haut mystère de l'emprise*. Cet évènement, au reste, minutieusement raconté dans les mémoires d'Olivier de la Marche, est plus particulièrement connu sous le nom de *Pas d'armes de la fontaine de Plours,* par allusion à la bannière de l'*Emprise* où l'on voyait en peinture une belle dame en *pleurs* dont les larmes formaient une fontaine : la dame avait été surnommée dame de *plours*, en langage du temps (*pleurs*); et la fontaine : fontaine de *plours*.

Or, tandis que le seigneur de Lalain tenait avec autant de gloire que d'amour son pas-d'armes dans ce lieu, « la providence de Dieu pensait à y dresser une carrière bien plus fa-
» meuse, et où plusieurs saints religieux de-
» vaient un jour combattre et remporter de
» glorieuses victoires (1). »

Un gentilhomme de la chambre de Philippe-le-Bon, nommé *Janus d'Or*, ayant été envoyé en mission à Dôle pour quelques affaires du prince son maître, séjourna dans cette ville plus long-temps qu'il n'avait pensé ; de sorte que, en partie pour s'occuper, en partie pour se *divertir*, il visitait souvent les frères cordeliers qui avaient à Dôle un superbe établissement. « Les grands exemples qu'ils lui don-

---

(1) Perry, *Ibid.*, p. 281.

» nèrent dans la pratique de toutes sortes de
» vertus, le touchèrent très-fort, et il fut bien
» édifié du mépris qu'ils faisaient de toutes
» choses de la terre (1). » C'est pourquoi il
prit la résolution de leur fonder un couvent
à Chalon. Il en conféra avec le père gardien
de Dôle, qui lui dit que la chose était fort
aisée, pourvu qu'il obtînt la permission du
saint siége apostolique. Le duc de Bourgogne
avait alors un ambassadeur à Rome; Janus-
d'Or lui écrivit aussitôt à ce sujet, et l'ambassadeur ne négligea rien pour répondre à ce
pieux appel.

La mission de Janus-d'Or, à Dôle, prit fin en
1450, il revint alors à Chalon, amena le père
Gardien, et lui fit voir le lieu qu'il destinait
à la fondation projetée : c'était *la petite maison
ou écurie avec jardin derrière,* dont il vient d'être
parlé. Le père Gardien trouva le tout fort convenable pour en faire un petit couvent, et il
ne s'agissait plus que de présenter requête à
Philippe-le-Bon pour l'amortissement de ce

---

(1) Fodéré, *Descript. du Couv. des Cord.*

1.

lieu-là et *d'une maison* que Janus-d'Or *y avait acquise* (1). Le duc de Bourgogne, plein d'enthousiasme pour les choses religieuses, ne se contenta pas d'autoriser cette entreprise, il voulut encore la conduire à fin lui-même et en faire tous les frais. Il envoya de Dijon à Chalon des architectes et des ouvriers avec ordre d'acheter autant de fonds qu'il conviendrait, si ceux qui avaient été donnés par Janus-d'Or n'étaient point suffisants; de sorte que, il paraît certain qu'une partie de l'emplacement du pas-d'armes de la fontaine de Plours, a fait depuis partie de l'enclave des Cordeliers, puisque le jardin du couvent s'étendait jusqu'au milieu du jardin actuel de l'hôpital.

Philippe-le-Bon ordonna de plus de préparer tous les matériaux nécessaires pendant le temps qu'il ménageait lui-même l'autorisation du Pape. Il se hâta d'écrire à son ambassadeur à Rome de faire en sorte de l'obtenir le plus promptement possible; et Nicolas V, répon-

---

(1) Perry, p. 282.

dant à cet empressement, fit expédier sa bulle d'autorisation, à la date du 1er mai 1452.

—

2.

FONDATION. — BÉNÉDICTION DE LA PREMIÈRE PIERRE. — CONSÉCRATION.

La bulle obtenue, l'exécution marcha avec rapidité. Philippe-le-Bon, plein de confiance en la probité de Janus-d'Or, lui donna le soin de veiller aux constructions. Celui-ci partit aussitôt pour Dôle, en ramena six cordeliers distingués par leur capacité, afin de prendre leurs conseils, et fit travailler si promptement à la fondation des bâtiments, que le 12 juin 1452, c'est-à-dire environ vingt-cinq jours après la réception de la bulle du Pape, on commençait l'ouvrage. L'évêque de Chalon, Jean Germain, présidait à cette cérémonie religieuse et bénit la première pierre. Il faut dire, pour peindre les mœurs de l'époque, que ce fut une véritable fête publique, qu'une grande partie de la ville y assistait avec joie, qu'on

jeta au peuple un bon nombre de pièces d'or et d'argent, et « que l'évêque pria Dieu de
» bénir un ouvrage que la piété de Philippe-
» le-Bon allait commencer à sa gloire. » (1)

Les travaux furent achevés en 1465. l'église fut consacrée l'année suivante, le dimanche, 20 septembre, par le révérend père Antoine Buysson, de l'ordre des Carmes, évêque de Béthléem, suffragant de l'évêque cardinal d'Autun, Jean Rolin, et avec la permission de Jean Poupet, évêque de Chalon. Le maître-hôtel de cette église fut dédié *à la majesté de Dieu sous le titre de grandeur de sa Mère* et celui du glorieux séraphique saint François, patriarche de l'ordre (2).

---

(1) Fodéré, *Ibid.*
(2) Le P. Berthaud, *Ibid.*, p. 158.

3.

DESCRIPTIONS DU COUVENT ET DE L'ÉGLISE PAR NOS VIEUX ÉCRIVAINS (1). — BEAUTÉ DE LA VOÛTE DE L'ÉGLISE.

« Cette église fut estimée dans ce temps-là
» assez considérable, parce que, bien que fort
» haute et fort large, elle n'est toutefois sou-
» tenue d'aucun pillier. Elle n'est point voûtée
» de pierre; mais elle est si proprement lam-
» brisée de bois de chesne, qu'on n'y voit
» rien qui n'ait fort bonne grâce. Le cloistre
» est agréable, plus long que large, lambrisé
» en berceau comme l'église et d'un pareil bois.
» La sacristie, le chapître, la dépense, le
» réfectoir et la cuisine sont d'un costé du
» cloistre et placés au levant. Le dortoir est
» au-dessus et a un aspect très-agréable. Et
» afin qu'il ne manquast rien pour la perfec-
» tion d'un si bel édifice, on fit sur le cloistre,
» du costé du midi, une grande bibliothèque

---

(1) V. Perry, *Ibid.*, p. 284. — Berthaud, *Ib.* — Fodéré, *Ib.*

» supportée de deux voûtes, dans laquelle on
» entre depuis le milieu du dortoir. Elle estoit
» meublée des pupitres de chesne, et ornée
» de divers tableaux, et assortie de quantité
» de bons et excellents livres; mais ils furent
» partie brûlés, partie pillés, lorsque les Hu-
» guenots, conduits par Montbrun, surprirent
» la ville (en 1562).

» C'estoit un ouvrage digne de la magnifi-
» cence et de la libéralité de Philippe-le-Bon,
» son fondateur. La demeure de ce couvent
» est fort agréable durant l'esté. Il a ses com-
» modités, ses jardins et ses issues sur un
» bras de la Saone qu'on appelle Génize (sur
le rempart Saint-Laurent actuel, où est le
jardin de l'hôpital, composé en grande partie
du jardin des Cordeliers acquis à l'hospice
depuis la révolution). « Néanmoins, il est fort
» incommodé des débordements de cette ri-
» vière qui, quelquefois, court par toute la
» maison, se répand dans l'église, sans aucun
» respect, se roule jusqu'au pied des autels.
» C'est un mauvais voisin qu'une rivière, s'en
» garde qui peut. »

Ces descriptions trouveront un complément dans le § suivant, et nous y reviendrons en constatant l'état actuel des lieux.

—

4.

JEAN DE PORTUGAL, GARDIEN, SOI-DISANT FRÈRE D'ALPHONSE V, ROI DE PORTUGAL. — ÉLÉONOR D'ARRAGON. — IMBROGLIO HISTORIQUE. — NOUVEAUX DÉTAILS DESCRIPTIFS, PEINTURES, SCULPTURES, ORNEMENTS, etc. — ÉPITAPHE DE JEAN. — MORT DE JANUS D'OR, SON TOMBEAU.

Les divers évènements intérieurs et extérieurs de notre couvent, pendant les premières années, n'offrent rien qui mérite d'être mentionné, jusqu'en 1481, quinze années après la consécration; mais, à cette époque, se présente un fait singulier qui a fort occupé les historiens de la localité (1) et dont la solution, fort contestée, ne nous paraît cependant pas fort difficile. Un individu, connu sous le nom de Jean

---

(1) V. François Gonzague, Fodéré et Piquet, *Descript. du Conv. des Cord. de Chalon.* — Perry, *Ibid.*, p. 294. — *Illust. Orb.*, t. II, p. 139.

de Portugal, prit l'habit de cordelier à Chalon, le 6 mai 1481, des mains du P. Jean Tilloti, gardien du couvent, et devint bientôt gardien lui-même. Ce religieux se prétendit frère d'Alphonse V, roi de Portugal, ou du moins, on l'a prétendu pour lui après sa mort. Le père Berthaud, dans son illustre Orbandale, résumant l'opinion des historiens du couvent, adopte complètement et sans examen cette version. Le père Perry, dans son histoire de Chalon, rejette cette opinion comme une fable. Lequel a raison?

Ecoutons l'auteur de l'illustre Orbandale, et faisons-lui grâce de son style naïvement ampoulé :

« Jean de Portugal, frère unique d'Alphonse...
» touché d'une innocente curiosité de voir la
» France sur le bruit de ses merveilles....
» passant par Chalon, visita le convent des
» R. P. Cordeliers et fut ravy en la contem-
» plation de la piété qu'il observa dans la
» conduite des religieux.... dont l'éclat fut si
» puissant, que dans le même temps, il forma

» un généreux dessein d'abandonner un thrône
» et une couronne royale pour se revestir
» d'une vile bure.... et comme les graces du
» ciel, qui envisageaient cette auguste gran-
» deur, comme le digne objet de ses amours
» et de ses complaisances, l'avaient destaché
» des appas et des plaisirs d'une cour royale,
» les mêmes grâces le conduisirent par la main
» à la profession des trois vœux solennels, qui
» sont comme un sacré holocauste, par lequel
» l'âme et le corps sont immolez au suprême
» culte de la majesté divine. »

» Mais le plus glorieux théâtre, snr lequel
» la vertu héroïque de ce fils né dans la
» pourpre parut avec plus de majesté, fut
» que son frère Alphonse... étant mort sans
» enfants, il fut arrêté par les estats généraux
» du royaume, que deux princes porteraient
» la couronne royale au R. P. Jean de Por-
» tugal, cordelier, au nom de tout le royaume...
» En effet, les députés, escortez d'un équi-
» page convenable à la dignité de leur com-
» mission, et suivis d'un grand nombre de
» seigneurs et de gentilshommes, le vindrent

» trouver en ce convent de Chalon, et ab-
» battus à ses pieds, luy donnèrent les nou-
» velles certaines du trépas du Roy de Por-
» tugal, son frère, qui, avant de rendre les
» derniers soupirs de sa vie, avoit chargé son
» conseil d'estat.... de l'envoyer quérir.... et
» en mesme temps, ils posèrent... à ses pieds
» le sceptre et la couronne qu'ils avoient ap-
» portez sur un chameau tout caparaçonné d'un
» drap orné d'une riche broderie d'or et de
» pierreries.

» Ce cœur auguste plus grand et plus vaste
» que toute la terre ne fut pas éblouy du
» brillant des diamans enchassez en ce dia-
» dême... et qu'il refusa par une héroïque
» magnanimité de poser sur son chef, qu'il
» crût plus richement orné d'une couronne
» de poil.... et toutes les persuasions de ces
» deux illustres ambassadeurs.... ne purent
» jamais fléchir cet invincible héros....

» Après avoir un peu resvé sur la réponse
» qu'il étoit obligé de leur faire par un motif

» de civilité, il leur dit ces propres paroles,
» proférées en sa langue portugaise :

« *Que estas dignidades, honores, y grandezas*
» *offrecidas, y traydas à los amadores y hijos*
» *de esto siglo : por my è trocado la purpura à*
» *esto panno baxo, para gozar, y ser vestido de*
» *gloria; tambien llevo esta corona decabellos que*
» *ve enen my cabeca, para grangear la Corona*
» *de mas honra. Ay prometido y jurado con pa-*
» *labras de voto solenne al rey celestial, que*
» *morirè mas presto cien vezes, que fer perfido,*
» *traydor, y quebrador de my promessa, que*
» *harey al rey de los reyes; otra palabra no saca-*
» *reis nunca de my boca.*

» *C'est-à-dire : que les dignités, honneurs et*
» *grandeurs soient présentées et données aux ama-*
» *teurs et aux enfants de ce siècle; car pour moy*
» *j'ai changé la pourpre en ce rude drap de bure,*
» *afin de pouvoir un jour jouyr du vestement de*
» *la gloire. Je porte aussi cette couronne de che-*
» *veux, que vous pouvez observer sur ma teste,*
» *pour acquérir la couronne du vray honneur. J'ai*
» *fait une promesse et juré au roy céleste par pa-*

» *role de vœux solennels, que je mourray plustôt*
» *cent fois, que d'être perfide, traître, n'y re-*
» *fractaire de mes vœux que j'ai prononcez au*
» *roy des roys; vous ne devez jamais attendre*
» *autre parole de ma bouche que celle-là.* »

» Certainement, tous les mots que ce cœur
» véritablement royal prononça, méritèrent
» d'estre écrits en charactères d'or et de dia-
» mans... mais la constance, qui luy fit fouler
» aux pieds un sceptre et une couronne, qui
» lui furent offerts par les mains de deux
» grands princes... ne fut qu'un petit crayon
» et une simple ébauche de cette vertu; elle
» ne parut achevée, et en son plus majes-
» tueux lustre, que lorsqu'il vid sa mère reyne
» et douaïrière de Portugal prosternée à ses
pieds, qui par ses paroles, ou plustôt par
ses larmes, ses soupirs, et par les mammelles
qui l'avaient allaictées, le conjurait d'accepter
le royaume. « Ce n'est pas moi qui vous parle,
» disait cette princesse, et qui vous supplie
» de cette grâce, ce sont les entrailles ma-
» ternelles où vous avez été formé et porté
» pendant neuf mois : les loix divines et hu-

» maines ne vous dispensent pas de me rendre
» cette obéissance, qui doit être aveugle,
» puisque le ciel et la nature vous en font
» un commandement absolu. Quoy! une pro-
» fession religieuse peut-elle détruire des loix
» si sainctes et si inviolables? La mesme voix
» intérieure du ciel qui vous appelle à un
» estat religieux, vous oblige indispensable-
» ment de reverer une mère, et de vous soû-
» mettre à son empire. Quoy! les rides qui
» paraissent sur le visage d'une misérable
» princesse, les poils blancs qui couvrent
» son chef, le chancelement de ses pieds,
» qui demandent un appuy à sa vieillesse,
» le mépris qu'on fait dans une cour royale
» d'une reyne vefve et abandonnée; les con-
» jurations qui se forment tous les jours et
» en toutes occasions contre son administra-
» tion, qui est odieuse à tous, puisqu'elle
» est féminine, ne vous fléchiront-elles pas,
» et ne briseront-elles pas votre cœur, quand
» il serait un rocher et un Caucase?

» Toutefois ces paroles... ne purent jamais
» ouvrir ni entamer cette âme impénétrable

» fortifiée des graces divines et victorieuses.
» Ainsi cette princesse désolée, après avoir dit
» le dernier et pitoyable adieu...... par la voix
» de ses pleurs dont ses yeux étaient deux fon-
» taines,... reprit la route de Portugal; mais
» sa touchante affliction, etc., l'arrestèrent au
» convent de Sainte Claire d'Aussone (Auxonne),
» où elle quitta la vie peu de temps après.
» L'église de ce sainct monastère fut le sa-
» cré dépositaire de ses précieuses cendres,
» ayant été inhumée avec l'habit de religieuse.

» J'ajoûteray pour conclure ce traité, que
» la vérité de l'auguste naissance du R. P. Jean
» de Portugal ne peut estre controversée. Car,
» outre *les autheurs célèbres* qui en rendent
» des témoignages authentiques, il ne faut voir
» que les actes qu'il a signés en cette qualité,
» et visiter la magnifique église des R. P. Cor-
» deliers, qui porte en plusieurs endroits de
» ses murailles, son effigie au naturel; prin-
» cipalement en cette belle peinture à fresque
» de l'Enfer et du Paradis qui est à main gauche
» en entrant à la dite église. Le lieu où re-
» posent ses cendres, paroist dans la chapelle

» dédiée sous le nom de S. Jean l'évangéliste,
» son patron, couvert d'une tombe de marbre
» noire, sur laquelle est gravé son portrait
» avec les armes de sa maison et l'épitaphe
» qui suit :

» *Hic jacet religiosus vir frater Joannes de*
» *Portugal, olim hujus Conventus Pater Gar-*
» *dianus, qui obiit 14 junii, anno domini 1525 :*
» *requiescat in pace.* »

» *Hujus cœli animam, sed corpus terra recondit,*
   » *Ultima quod nobis miserat hesperia.*
» *Pauper erat, tenues genitrix dum misit in auras*
   » *Ipsa licet fuerit regia progenies.* »

(Ici repose un homme religieux, frère Jean de Portugal, autrefois père gardien de ce couvent, qui trépassa le 14 juin de l'an du Seigneur 1525. Qu'il repose en paix !

De celui que nous avait envoyé la lointaine Hespérie, l'ame est au ciel, mais le corps est en cette terre.

Il était pauvre, et cependant la mère qui lui donna le jour était de race royale.)

« Si on entre dans le chœur, on y considère
» le grand autel, richement orné par ses augustes
» libéralitez, s'estant servi à cet effet, d'une
» des meilleures parties de la grande somme
» d'or et d'argent que ces deux illustres am-
» bassadeurs auraient apportés pour le conduire
» et défrayer à la royale. Il décora pareille-
» ment la pluspart des chapelles d'une grande
» quantité de tableaux fort délicats, faits par
» les plus excellents peintres de ce temps-là.
» On fit venir par ses ordres un excellent
» sculpteur de la ville de Dijon, qui employa
» son sçavant cizeau ès sculptures qui embel-
» lissaient le grand autel avant les impiétés
» commises par les Huguenots, sur lesquelles
» les adorables mystères de la Passion estaient
» representez en relief, embellis de dorure et
» de peintures fort riches. Il fit faire de grands
» pilliers de cuivre de Chypre, qui soutiennent
» les courtines qui environnent le grand autel,
» portant au-dessus des anges. Si on regarde
» au milieu du chœur, on y voit un pulpitre
» de même matière, dessus lequel estait au-
» trefois un aigle pour tenir le livre des Evan-
» giles. Si l'on visite la sacristie, on la trouve

» meublée par ses libéralités d'un grand calice
» d'argent doré, assorty de deux burettes, d'un
» beau ciboire, deux chandeliers et d'un en-
» censoir d'argent avec sa navette, de plu-
» sieurs chappes, chasubles et d'autres orne-
» ments d'église de drap de soye, avec les
» paremens de fine broderie d'or, entre les-
» quelles on void sur une chasuble les armes
» de Portugal avec ses alliances, richement
» travaillées, qui sont des titres authentiques
» et sans reproches de la vérité de cette his-
» toire. »

Voilà, certes, une histoire bien détaillée, à laquelle il ne manque rien de ce qui peut séduire et convaincre : visite d'ambassadeurs, chameau caparaçonné d'or et de pierreries, superbes discours de réthorique en portugais, larmes et prières maternelles, allégation d'historiens célèbres, tableaux, donations, épitaphe, etc... Qui pourrait résister à de telles preuves et douter de l'illustre naissance du P. Jean de Portugal et de son humble abnégation des honneurs temporels?

Le P. Perry cependant, n'est pas de l'avis

des écrivains résumés par le p. Berthaud (1). Il est bien certain, suivant ce docte jésuite, que le P. Jean prit l'habit de Cordelier le le 6 mai 1481, et qu'il portait le nom de Jean de Portugal. « Je me souviens, dit-il, qu'es-
» tant encore fort jeune, je vis une quittance
» ainsi signée pour un bichet de bled qu'il
» avoit reçu en aumône des échevins de la
» ville de Chalon. D'autre part, je sçay bien
» qu'il portoit les armes de Portugal *toutes*
» *pleines et toutes entières.* On les voit encore
» gravées sur son tombeau. Si est-ce que je
» puis dire asseurément que les *historiens de*
» *Portugal* ne parlent non plus de luy que
» d'une personne qui ne fut jamais au monde.
» Il est vray que ce nom et les armes qu'il
» portoit, cette députation si solennelle, l'ar-
» gent que luy laissèrent les ambassadeurs,
» pourraient servir de preuves assez plausibles
» pour appuyer cette opinion, *si elle n'estoit*
» *contraire à l'histoire de Portugal* et ne semblait
» choquer la vérité.

---

(1) *Ibid.*, p. 294.

» Pour le mieux justifier, ajoute lë P. Perry,
» il faut remarquer qu'Alphonse V n'eut que
» deux frères : Ferdinand, duc de Viseo; et
» Philippe, qui mourut de la peste à Lisbonne
» à l'âge de 10 ans.... le sixième fils de Fer-
» dinand fut roy de Portugal après la mort
» du roy Jean II. De sorte que je ne voy pas
» comment on peut soutenir que le P. Jean
» de Portugal ait été frère d'Alphonse V. D'au-
» tres ne se sont encore pas moins trompés
» lorsqu'ils ont avancé que le roy mourut
» deux ans et demy après la profession de
» ce bon religieux.... parce qu'il est certain
» que le roy Alphonse mourut le 28ᵉ du mois
» d'aoust de cette année (1481), ou selon Ma-
» riana, le dernier du mesme mois.

» On ajoute une autre bévéüe, lorsqu'on
» dit que le roy Alphonse n'avoit point laissé
» d'autre héritier que ce religieux cordelier....»
— En effet, Jean II, surnommé Legrand, par
quelques historiens, succéda immédiatement
(en 1481), à son père Alphonse V, mort de
la peste, et l'on ne comprendrait pas pourquoi
des ambassadeurs seraient venus solliciter le

P. Jean de succéder à son frère, puisque celui-ci laissait un fils héritier du trône de Portugal.

Le P. Perry relève encore une autre bévue des historiens du couvent des Cordeliers, relativement à la reine douairière qui serait venue solliciter le P. Jean de condescendre à régner sur le Portugal et qui, à son retour, ayant voulu visiter les monastères des religieuses de Sainte-Claire, des villes de Seurre et d'Auxonne, serait morte en cette dernière ville et y aurait été inhumée dans l'église du couvent en habit de religieuse. Il n'y a qu'une difficulté pour la véracité de cette version : c'est qu'il est certain, d'après les historiens portugais, qu'Eléonor d'Arragon, mère d'Alphonse V, se retira à Tolède et qu'elle y mourut subitement le 18 février 1445. Pourrait-on soutenir d'ailleurs, que le P. Jean était un frère naturel d'Alphonse V? pas davantage ; car il est positif que le roi Edouard son père ne laissa point d'enfants naturels et illégitimes. De sorte que, conclut le P. Perry, « je ne saurois me persua-
» der que ce bon religieux ait été frère d'Al-
» phonse. »

Quelque crédule que soit le P. Perry en maintes circonstances, il faut convenir qu'il l'est en général, beaucoup moins que l'auteur de l'illustre Orbandale et qu'il se montre ici excellent critique. Aussi, nous adoptons complètement son avis.

Quel est donc le mystère qui environne cette histoire? quel intérêt les Cordeliers avaient-ils à dénaturer aussi hardiment la vérité? Nous pouvons le dire plus franchement aujourd'hui que ne le fit de son temps le P. Perry, entravé par les préjugés et les convenances. Quel est celui qui, de nos jours, avec la moindre étude critique de l'histoire ecclésiastique, ne connaisse cette multitude de suppositions grossières, faites dans l'intérêt d'une religion dont elles altéraient stupidement le progrès et la pureté? Tantôt c'était au profit d'une propagande à qui l'erreur était plus nuisible qu'utile; tantôt c'était dans un intérêt plus matériel, à des époques de barbarie où la corruption et l'exploitation avaient pénétré jusque dans le sanctuaire du divin fondateur de la fraternité humaine. Eh bien! toute cette racontance au sujet du P. Jean de Portugal ne nous paraît qu'une de ces fraudes pieuses si communes dans quelques couvents du moyen-âge, pour obtenir une certaine illustration et se recommander à la curiosité des voyageurs et surtout à la générosité des bonnes ames. Les Cordeliers ont-ils été dupes d'un intrigant? Cela est encore possible; mais nous en doutons, car il ne faut point flétrir la mémoire d'un homme, fut-il mort depuis le commencement du monde, sans fournir des preuves solides. Or, l'épitaphe de Jean de Portugal dit qu'il *était pauvre, pauper erat*... comment accorder cela avec les richesses dont les historiens postérieurs le gratifient si largement? Voilà une contradiction qui met sur la voie de toutes les autres. Rien n'empêche, au reste, que le P. Jean ait été portugais et excellent père gardien; mais s'il a été réellement le bienfaiteur de sa communauté, on conçoit difficilement qu'il ait été pauvre : l'épitaphe ment, ou les écrivains ont menti.

La même année qui vit prendre l'habit de Cordelier au P. Jean de Portugal, vit aussi mourir le bon Janus-d'Or, le 26 octobre 1481, trente-et-un ans après qu'il eut conçu et exécuté le projet de fonder le couvent des Cordeliers. Il fut enterré dans l'église, sous un tombeau qui était un peu en arrière de la chaire du prédicateur, située à-peu-près au centre du côté gauche de l'église. Il y était appelé *Jehannin-d'Or*.

5.

CHRONIQUES DIVERSES. — VOEU DES CORDELIERS. — CLAUDE DE LORRAINE RASE UNE AILE DU COUVENT. — INVASION DES HUGUENOTS. — INCENDIE A SAINT-LAURENT, MIRACLE OPÉRÉ PAR LES MOINES DE SAINT-PIERRE. — INONDATIONS. — CHUTE DE LA FOUDRE MÊLÉE AU DÉMON. — RECONSTRUCTION.

Il serait trop long de puiser dans les historiens spéciaux les détails des travaux pieux des bons Pères Cordeliers pour la sanctification des ames et particulièrement pour la conversion de celles qui, comme dit le P. Berthaud, « s'é- » taient égarées malheureusement, pour avoir » suivi le phare trompeur de l'huguenotisme. » Ces travaux n'ont rien eu, d'ailleurs, que de fort naturel dans la ligne qui leur était tracée par l'esprit de l'ordre et de l'époque, rien qui ne se renouvelle de nos jours avec le même zèle et souvent avec une ardeur dévorante, sous les nouvelles formes de la société. Nous aimons à croire que les imitateurs de saint François d'Assises n'ont jamais dérogé à la règle sévère d'une institution qui remontait au commencement du 13e siècle, et que, dignes de leur nom, ils ont constamment porté sans modification non-seulement la robe de gros drap gris avec le capuchon et le manteau de la même étoffe, mais encore une ceinture de véritable *corde* (1). Ce qui peut alarmer sur la continuation de leur rigidité première, c'est le souvenir du premier nom qu'ils avaient adopté. Ils s'appelaient primitivement, en effet, *pauvres mineurs*, noms qu'ils changèrent pour celui de *frères mineurs* ; ce *pauvre* leur avait déplu, on ne comprend guères pourquoi ; car ils furent les premiers qui eussent renoncé à la propriété de toutes possessions temporelles et ils faisaient vœu de pauvreté. C'est une

---

(1) Nous avons ouï dire, cependant, que dans les derniers temps, la ceinture des Cordeliers était une élégante tresse en fil.

des mille aberrations de la logique et de la vanité humaines ; ce qui ne mit aucun obstacle, par conséquent, à ce que quelques-uns d'entre eux ne devinssent évêques, cardinaux et même papes, pour mieux propager, sans doute, cette noble et sainte abnégation des richesses qui était l'obligation la plus sacrée des premiers chrétiens.

En 1544, Claude de Lorraine fit raser l'aile méridionale du bâtiment qui donnait sur la Genise, afin de ménager un chemin de rondes en temps de guerre. Ce chemin de rondes est actuellement le rempart St-Laurent, sur lequel donnent les extrémités des deux autres ailes de l'est et de l'ouest et le mur de la cour, construit sur la ligne de l'ancien corps de bâtiment rasé.

Le couvent eut beaucoup à souffrir de l'invasion des Huguenots à Chalon ; il fut pillé en 1562, ainsi qu'on l'a déjà vu. Tous les bons livres de la bibliothèque furent enlevés et l'église ne fut pas plus épargnée que toutes celles de la ville et des environs.

« En 1594, dit le P. Perry (1), un grand feu se prit à quelques maisons du faubourg Saint-Laurent; la bise estoit alors si violente et le froid si rude, qu'il semblait que le feu, pour ne leur point céder, redoublait ses flammes avec plus de soudaineté. De sorte qu'en moins de rien, il réduisit en cendres trois corps de logis qui n'estoient pas fort éloignés de l'église et du convent des Pères Cordeliers. Tandis que quelques-uns y accoururent pour donner des secours, d'autres vont à Dieu pour implorer son assistance. Les religieux de Saint-Pierre y vinrent en procession avec le *chef de saint Loup*, évêque de Chalon. La ville luy a de très signalées obligations pour avoir esteint le feu par ses mérites en de pareilles conjonctures. C'est *la coutume de le baigner trois fois dans deux tonneaux pleins de vin et d'eau, qu'on jette sur le feu après cette cérémonie.* Cependant ceux qui avaient apporté cette précieuse relique firent un tour de procession près du lieu où le feu étoit embrasé. Alors les flammes s'abaissèrent, sa violence fut incontinent assoupie et il s'étei-

---

(1) P. 386.

gnit. De là, les religieux de Saint-Pierre allèrent dans l'église pour y rendre graces à Dieu pour une si merveilleuse faveur qui les combla de joie. Les Cordeliers, pour marque de leur reconnaissance, ont accoutumé, depuis ce temps-là, de venir tous les ans dans l'église de Saint-Pierre en procession le jour de la feste de Saint-Loup, pour s'acquitter du vœu qu'ils ont fait expressément pour ce sujet ; ils y célèbrent la sainte Messe en action de grâce de ce que Dieu, par les mérites de ce saint, les préserva du feu. Quelques-uns ont cru que ce sacré chef ne sortait point de l'église Saint-Pierre qu'on n'eût auparavant donné pour ostage un eschevin qui demeuroit dans l'abbaye jusqu'à son retour ; cette particularité ne fut pourtant pas alors observée. »

Nous ne nous permettrons pas de mettre en doute la possibilité du miracle opéré par le *chef de saint Loup;* nous ferons seulement observer que, d'après le P. Perry (1), lorsqu'en 1562 les Huguenots pillèrent les églises de Chalon, celle de l'abbaye Saint-Pierre, située à

---

(1) P. 326.

la Citadelle, fut une des plus maltraitées : « Ils
» saccagèrent les reliques et *les emportèrent*, et
» entre autres *les chefs* de saint Flavie, de *saint
» Loup*, tous deux évesques de Chalon et celui
« de saint Blaise. » Perry cite comme autorité les
mémoires de Muguet (1) ; mais s'il se fut rappelé
que dès 1562 les Huguenots avoient emporté
et probablement anéanti le chef de saint Loup,
il se serait bien gardé de le faire figurer à
l'incendie de 1594. Il faut croire que les moines
de Saint-Pierre avaient eu le bonheur, assez
peu rare à cette époque, de se procurer un
nouveau chef miraculeux du bienheureux saint
Loup. Au reste, de nos jours, les prêtres s'y
prennent autrement pour éteindre le feu ; ils
paient de leur personne et sont des premiers
à se dévouer dans les rangs des travailleurs.
A défaut de miracles, ce moyen est généralement reconnu comme un des plus efficaces
et la bonne religion n'y perd rien.

---

(1) Muguet, fameux chirurgien, selon Perry, né à
Chalon vers le milieu du 16ᵉ siècle, a laissé des mémoires souvent cités dans l'*Hist. de Chalon*, mais qui,
nous le croyons, n'ont point été imprimés.

Il a déjà été dit que le couvent des Cordeliers était sujet aux inondations de la Saône; cela n'est point étonnant, puisqu'il a été élevé fort peu au-dessus du niveau de l'ancienne prairie. Le P. Fodéré nous apprend que dans les débordements de 1579 et 1602, on allait en bateau dans le cloître, l'église et les jardins. Cet accident a dû se renouveler souvent depuis. En 1840, par exemple, les soldats qui occupent aujourd'hui la place des Moines, ont été forcés par les grandes eaux d'évacuer la caserne.

En 1613, un jour de dimanche après Pâques, il se fit un épouvantable tonnerre. « Le ciel estoit tout en feu, dit le P. Perry... on sonnait les cloches dans toutes les églises, on allumait des cierges bénits dans les maisons, et chacun y prioit Dieu d'une belle manière. Cependant la foudre tomba sur le clocher des Pères Cordeliers et le *desmon s'y estant meslé*, elle roula du haut du clocher dans l'église. Le religieux qui sonnait la cloche fut porté par terre *d'un coup de soufflet que le malin esprit luy donna*. Il éteignit tous les cierges qui estoient allumez sur le grand autel; mais il ne put jamais éteindre le cierge qui avoit esté béni la veille de Pasques. Il entra de là dans la sacristie, y fit quelque ravage, et puis en sortant il *imprima ses griffes* dans une pièce de bois traversière, qui sert d'appuy pour monter de la sacristie au dortoir. Il monta à l'horloge, en brisa les roues, et effaça la montre qui est dans l'église, au-dessus des siéges du chœur. Il auroit sans doute bien pis fait, si Dieu ne l'en eût empesché ; mais tout furieux et enragé qu'il est, il ne faut qu'un peu d'eau bénite, ou un signe de croix pour *le faire honteusement fuir et le pousser à vauderoute* (1). »

6.

Reconstruction, réparation, monographie du couvent avant la révolution.

« Cette maison a été rebâtie très-proprement en partie par les soins du P. François Ruffler,

---

(1) P. 423.

en 1730, et finie par le P. Jacques Guillardet, dijonnois; elle a été bien réparée par Lazarre-Vincent Baudry, provincial (1). »

Les bâtiments du couvent des Cordeliers sont encore aujourd'hui tels, à-peu-près, que les firent ces diverses réparations. Le vaisseau de l'église seul atteste son ancienne origine. Jetons un coup-d'œil sur l'ensemble de cet édifice, afin d'en fixer la monographie, car la description que nous avons puisée dans nos vieux écrivains est trop insuffisante.

—

§ 1er. — *COUVENT.*

CLOITRE. — SALLES VOUTÉES. — ESCALIERS. — SACRISTIE. — RÉFECTOIRE. — CUISINE. — CORRIDORS. — JARDINS. — CELLULES.

Il se compose de trois corps de bâtiments, formant trois côtés d'un parallélogramme, c'est-

---

(1) Courtépée, *Descript. du D. de Bourgog.*, t. XIV, p. 494.

à-dire : d'un corps central flanqué de deux ailes, communiquant entr'elles par une vaste galerie voûtée en arc-de-cloître. Cette galerie, ou cloître, est composée de neuf arcades sur chaque corps de bâtiment ; les arcades sont soutenues par des pieds droits avec corniche, butés par des pilastres élevés à la hauteur des arcades et coiffés d'un chapiteau triangulaire taillé en bizeau. Chaque arcade est surmontée d'une fenêtre, à l'exception des deux dernières des ailes latérales. Cette construction est fermée au midi par un mur qui donne sur le rempart Saint-Laurent, mur élevé à la place de la quatrième aile rasée par Claude de Lorraine, ainsi qu'on l'a déjà vu, et où se trouvait la bibliothèque pillée par les Huguenots.

Cet édifice construit, partie en pierres de taille, partie en moellons, enveloppe une vaste cour qui était autrefois un jardin, divisé en quatre carrés gazonnés et bordés de plates-bandes de fleurs, avec une rangée d'arbres le long du mur du rempart. Près l'aile du levant était un puits où l'on a placé depuis une pompe.

L'aile centrale était distinguée des deux autres par un fronton cintré, de la largeur de trois arcades, abattu depuis pour niveler le toit.

Les façades extérieures n'offrent rien de remarquable qu'une solide construction dont les extrémités, légèrement saillantes, forment des pavillons. La façade d'entrée, tournée au nord, et faisant un angle droit avec l'église, est décorée d'une jolie porte rustique, couronnée d'une attique avec niche. Cette porte donne entrée dans un vestibule carré dont la voûte rayonnante est fort belle. Ce vestibule, coupé en partie aujourd'hui par un corps-de-garde, communique immédiatement avec le cloître.

Au milieu de l'aile droite (aile du couchant), se trouve un fort bel escalier dont le palier supérieur est soutenu par une plate-bande figurant deux arcades en pendentif. Deux autres arcades en pendentif servaient à l'éclairer. A droite et à gauche de l'escalier sont trois grandes pièces élégamment voûtées dont l'ancienne destination nous est inconnue.

L'étage supérieur de cette aile était divisé en chambres ou cellules, séparées par un long corridor *lambrissé en berceau de bois de chesne comme l'église*.. C'est l'ancienne voûte de la construction primitive, ce qui nous porte à croire que les belles voûtes inférieures pourraient bien aussi dater de cette époque, car on ne conçoit guère comment on aurait pu conserver ce berceau en boiserie, si la reconstruction avait repris le bâtiment depuis le pied et ne s'était pas bornée au cloître et à une partie des murailles. Les cellules ont été abattues presque généralement et forment aujourd'hui, avec le corridor, une vaste salle pour coucher les soldats de la garnison.

Vis-à-vis le vestibule d'entrée, on enfile le cloître de l'aile centrale qui ne forme, au premier étage, qu'une longue galerie de communication entre les ailes latérales. C'est une espèce de placard appuyé contre le mur des chapelles de l'église, et peut-être l'emplacement

de la bibliothèque dans les derniers temps....
Ce corridor sert aussi maintenant de dortoir aux soldats.

Au bout du cloître central, on entre dans le cloître de l'aile gauche (du levant), lequel dessert d'abord une salle voûtée comme les autres, qui a servi de sacristie. L'extrémité nord de ce cloître communiquait avec l'église par une grande porte cintrée, aujourd'hui murée, qui s'ouvrait à côté de la dernière chapelle vers le chœur.

Après l'ancienne sacristie vient un escalier semblable à celui de l'aile droite. Depuis le palier de l'escalier on entre dans un petit corridor qui, à gauche, donne sur une chambre, ancienne salle du chapitre, qui est à présent la lingerie. Le fond du corridor conduit à l'ancien réfectoire des moines, belle salle richement voûtée avec ornements de plâtre et qui sert aussi de dortoir aux soldats. La cuisine, aussi bien voûtée que le reste du rez-de-chaussée, vient après le réfectoire; elle remplit encore la même destination dans la caserne actuelle.

Toutes les portes du rez-de-chaussée présentent un emploi remarquable de l'ordre toscan et sont vraiment les parties les plus soignées de la reconstruction.

Le premier étage de cette aile était également composé de chambres ou cellules, desservies dans toute la longueur par un corridor *lambrissé* comme celui de l'aile opposée. C'était l'ancien dortoir, depuis le milieu duquel on entrait dans la bibliothèque placée dans l'aile rasée. C'est encore aujourd'hui un dortoir pour la garnison, au moyen de la jonction du corridor avec les cellules.

Tout l'édifice était entouré par de vastes jardins qui, au couchant, ainsi qu'on doit se le rappeler, s'étendaient jusqu'au milieu du jardin actuel de l'hôpital et étaient séparés du couvent par une grande cour formée par de vieux bâtiments destinés au jardinage et qui pouvaient être *la maison et l'écurie* de Janus-d'Or. Une de ces masures, joignant l'extrémité de l'aile droite, a été remplacée, il y a peu d'années par la loge actuelle des Francs-Maçons, vis-à-vis de laquelle on voit encore une autre construction dont les restes servent aujourd'hui de filature. La cour était close par un mur ayant une porte sur la rue des Cordeliers, qui, depuis, a été prolongée jusqu'au rempart.

Du côté du levant et au nord de l'église, il y avait un autre jardin ou terre labourable, qui s'étendait jusqu'à la rue actuelle du rempart. Ce terrain est aujourd'hui couvert de nombreuses constructions appartenant à divers particuliers.

---

§ IIe — *ÉGLISE.*

PEINTURES, SCULPTURES, FENÊTRES, TRIBUNES, CHA-PELLES. — MAGNIFIQUE CHARPENTE.

Nous avons vu que l'église fut estimée fort

considérable, *parce que bien que fort haute et fort large, elle n'était soutenue d'aucun pillier.* Le père Perry prétend que c'était un *chef-d'œuvre*, et la *plus belle*, la *plus grande* et la *plus vaste* que *les Cordeliers de l'observance eussent alors.*

Il y a là un peu d'exagération et il faut, d'ailleurs, distinguer entre les ouvrages de maçonnerie et la charpente.

La façade, qui semble attendre un porche qui n'a jamais existé, est tournée au couchant et fait un angle droit avec l'entrée du couvent tournée au nord. Elle est terminée par un pignon démesurément pointu, plus haut que sa base. La porte de l'église est simulée en partie par une grande nervure en ogive qui surmonte dans le plein deux plus petites ouvertures réelles, en parallélogrammes, aux angles arrondis, séparées par un pied droit orné d'un écusson. Cette porte est surmontée d'une vaste fenêtre ogivale, dont la baie est traversée par trois meneaux qui supportent des nervures en trèfle. Au-dessus de cette fenêtre est un médaillon recouvert d'un petit fronton cintré et par-dessus ce médaillon, deux autres plus petites fenêtres simples, cintrées, séparées seulement par un pied droit, sont destinées à éclairer les combles. Tout cet ensemble est d'un style lourd et sans grâce qui ne fait pas honneur aux artistes de Philippe-le-Bon.

Cette façade, dans les derniers temps, était encore couverte d'une fresque représentant un calvaire. Pendant les orages révolutionnaires, elle a été cachée sous une couche de mortier qui, tombée en plusieurs endroits, laisse apercevoir encore quelques parties d'un bon dessin; telles qu'un des larrons presqu'entier, et particulièrement la tête magnifique, mais déplorablement maltraitée d'une mère de douleur.

Le vaisseau de l'église se compose d'un long parallélogramme dont le côté du fond, légèrement arrondi, était le chœur, l'abside des anciennes basiliques. C'était près de cet hémicycle, garni de fort belles boiseries, qu'était placé le grand autel.

Le mur de droite est percé des larges ouvertures ogivales de quatre chapelles sur les colonnettes en pilastres, desquelles on distingue quelques restes de sculptures allégoriques de peu de valeur, tels que les animaux symboliques des évangélistes. Les clefs des voûtes à nervures représentent les armoiries de personnes inconnues. Le fond de ces chapelles était éclairé par des ouvertures cintrées plus longues que hautes, pratiquées dans le mur qui soutient le cloître central.

Deux jolies crédences, qui abritaient des statues de saints, se font remarquer vers la première et la dernière chapelle. Elles sont assez finement fouillées et sculptées. La première est couronnée par les armes de la ville de Chalon, les trois cercles de l'illustre Orbandale. Il est dommage que les ornements en aient été empâtés par des badigeonnages successifs. Elles mériteraient d'être conservées à la prochaine démolition de l'église, sur l'emplacement de laquelle on doit élever un complément à la caserne actuelle.

Le mur de gauche n'offre rien de remarquable ; il est percé de quatre lourdes fenêtres ogivales et d'une cinquième à plein cintre. Ces fenêtres, ainsi que la grande fenêtre de l'entrée, étaient probablement garnies de vitraux peints dont il ne reste aucune trace. Elles sont aujourd'hui condamnées en partie.

On voyait contre ce mur, en entrant, les autels de St-Landry et de Ste-Reine, après lesquels venait la chaire à prêcher, placée à-peu-près au centre, ainsi que nous l'avons déjà dit.

L'église était pavée de dalles et de tombes qui ont été enlevées depuis la révolution. On retrouve encore des fragments de tombes dans les pavés du cloître et nous avons cru lire sur l'un d'eux le mot *Jehannin*, gravé en lettres gothiques. Serait-ce le débris de la tombe de Janus-d'Or? O fragilité des plus pieux honneurs funéraires!...

Voilà ce qu'était l'intérieur de l'ancienne église, sauf les tableaux, les peintures et autres ornements mobiles dont elle avait été garnie par ses bienfaiteurs. C'était certainement peu de chose comme monument, à une époque féconde encore en magnifiques produits de l'art catholique.

Une jolie tribune, qui devait soutenir un jeu d'orgues, avait été ajoutée lors de la restauration de 1730, et placée à l'entrée de l'église. Elle se composait de trois arcades surbaissées, avec pilastres et entablement d'ordre ionique. L'architecture catholique, tombée en dédain dès la renaissance, avait été déclarée barbare; on ne croyait plus désormais pouvoir l'harmoniser avec de nouvelles constructions. C'est pourquoi tous nos vieux monuments présentent la disparate bizarre de tous les genres d'architecture, la lutte anarchique des concurrences artistiques séculaires, comme le cabinet d'un antiquaire. Les ordres grecs et romains ne sont pas plus susceptibles de se mêler aux capricieuses fantasmagories du gothique, que les divinités païennes au sentiment d'égalité et de fraternité du véritable christianisme.

Cette tribune était ornée d'une belle balustrade en bois dont on retrouve encore les fragments dans les greniers.

Mais ce qui fesait le plus singulier ornement de cette église, c'était la voûte et la charpente. Ce n'est pas que, quoique *fort haute et fort large*, elle *ne fût soutenue d'aucun pilier,* ainsi que le prétendent les historiens du couvent ; ceci nous paraît une erreur. Essayons d'en donner une description, afin de faire comprendre en quoi nos vieux auteurs ont exagéré.

La charpente, fort élevée en pignon, n'est d'abord, il est vrai, appuyée que sur les murs ; de là, et en sous-œuvre des parties destinées à soutenir les toits et le faîtage, partent des *fermes* dont la courbure successive aboutit au sommet de la voûte. Ces fermes sont recouvertes par des planchettes de chêne fort bien jointes, clouées sur la charpente et formant la surface de la voûte. Il y aurait eu plus de hardiesse dans cette belle arcade si l'on n'avait compté que sur la combinaison des coupes et des enchevillements pour la soutenir. On ne l'a point osé. Et pour consolider la charpente, on a jeté en travers, sur les deux murs, de longues poutres, du milieu desquelles partent des piliers, ou aiguilles qui s'élèvent en s'*inclinant* jusqu'au sommet de la voûte, d'où elles sont prolongées d'une autre petite aiguille perpendiculaire qui monte jusqu'au faîtage : de sorte que la voûte est réellement soutenue par des *piliers*, quoiqu'en aient dit nos vieux écrivains ; mais ces piliers aériens ne portent que sur les poutres transversales.

Nous disons que ces aiguilles vont en s'*inclinant*, et en effet, elles ne sont point perpendiculaires à la poutre d'où elles partent ; elles font, au contraire, un angle qui augmente d'inclinaison à mesure que l'aiguille est plus éloignée de l'entrée de l'église. Cette mesure bizarre en apparence, n'était point nouvelle à cette époque et se retrouve dans plusieurs monuments. Elle est une preuve du progrès de l'art géométrique de la perspective. On sait que plus les objets sont vus de loin, plus ils paraissent sous un plus petit angle ; il en résulte que des piliers vus à certaines distances et élévations différentes, d'un point donné, au lieu de paraître droits, paraîtraient sensiblement penchés en arrière. Pour rectifier la vision, il faudrait rigoureusement les faire pencher en avant. C'est ce qu'ont fait les maîtres charpentiers du 15e siècle dans notre église. Cela était-il bien entendu? nous en doutons, car l'église n'était point faite pour qu'on restât toujours au point de vision mathématique choisi par le constructeur, et il en résultait qu'en avançant à l'autre extrémité, les aiguilles devaient paraître trop penchées. C'était bien autre chose quand on regardait depuis le chœur; cette enfilade de 14 à 15 aiguilles devait sembler prête à crouler de l'autre côté.

Quoiqu'il en soit, toute cette charpente magnifique renferme vraiment une forêt entière et elle était surmontée d'une élégante flèche ou clocher qui, dépouillée de ses plombs et ferrures pendant la révolution, a fini par s'écrouler. On en voit encore la place dans les combles, aux deux tiers environ de la longueur de l'église.

Un faux plancher, établi sur les poutres, cache aujourd'hui la vue de tout ce bel ouvrage, et cette surcharge ayant fait fléchir ces poutres, on a été contraint de les soutenir par quelques poteaux, à partir de la dernière chapelle jusqu'à la cloison qui sépare l'abside.

La voûte en planchettes était propre à recevoir des peintures; mais son étendue était un obstacle invincible à ce qu'elle en fût entièrement recouverte ; aussi n'a-t-elle jamais reçu qu'une partie de *cette belle fresque de l'Enfer et du Paradis qui était à main gauche en entrant dans l'église* (et qui probablement descendait sur la muraille jusque dans l'emplacement de la tribune actuelle), partie qui subsiste encore sur les planchettes.

Voici ce que nous avons pu distinguer de cette peinture assez bien conservée sur quelques points :

Au milieu d'une espèce de dais soutenu par deux colonnes d'un genre composite, on voit deux figures de grandeur naturelle représentant un roi et une reine ou un duc et une duchesse, revêtus de leurs plus riches ornements et la couronne en tête. La reine, si reine il y a, lève les mains au ciel dans l'attitude de la prière. Le roi lève une de ses mains de la même manière, tandis qu'il tient une espèce de sceptre de l'autre. Ces deux figures sont assez bien dessinées. Au-dessous de l'entablement du dais est un cercle flamboyant. Un peu au-dessus de celui-ci, entre les deux personnages, un autre petit cercle lumineux projette de toutes parts des rayons éclatants et divins; plus inférieurement encore, une grande couronne aussi flamboyante reçoit la projection de ces rayons qui la traversent pour se répandre sur une multitude de bienheureux, d'anges et d'archanges rangés en cercle. Enfin, tout-à-fait dans le bas, on lit une devise latine en lettres gothiques avec forces abréviations, inscrite sur un grand ruban ondulé et circulaire. Voilà ce que nous avons pu déchiffrer de cette devise :

Sanctus.... deus, sanctus, sanctus, sanctus dominus Deus sabaot, sanctus Deus sanctus fortis sanctus et immortalis salus deo æterno.

Nous avons pensé d'abord que les deux figures représentaient Philippe-le-Bon et sa femme ; c'était un juste hommage au fondateur du couvent. Mais le P. Berthaud prétend, ainsi qu'on l'a vu, que la fresque du Paradis et de l'Enfer, porte l'*effigie tirée au naturel* de Jean de Portugal. Nos deux personnages seraient-ils le prétendu prince et sa mère recevant les rayons divins à travers une couronne pour les transmettre au peuple des élus?.... c'est possible et cela prouverait tout au plus qu'une fois la fable du frère d'Alphonse V admise, on l'avait soutenue par tous les moyens possibles pour le plus grand honneur du couvent. Au reste, quelque médiocre que puisse être cette fresque, il y aurait de la barbarie à la détruire en démolissant l'église, lorsqu'il est si facile de la conserver en enlevant avec un peu de soin les planchettes qu'elle recouvre.

Dans la dernière moitié du dernier siècle, l'église du Prieuré de Saint-Laurent, située à peu de distance du couvent, au milieu de la rue des Cordeliers, s'étant écroulée de vétusté, la paroisse fut transportée à l'église des Cordeliers.

7.

RÉVOLUTION.

Le couvent devient bien national et prison. — Liste des personnes détenues. — Réaction. — Arrêté du 24 prairial an III.

La révolution a terminé l'histoire des Cordeliers comme celle de tant d'autres ordres civils et religieux. La suppression des vœux monastiques et des congrégations fut décrétée le 13 janvier 1790, sur le projet de l'*abbé* de Montesquiou, qui trancha cette grande question que nous voyons aujourd'hui renaître de ses cendres.

Cette mesure, au reste, avait peu d'importance à Chalon pour cette institution réduite à quatre ou cinq religieux, qui étaient les P. Caron, Gardien, caché par ses paroissiens pendant un moment de la terreur, puis emprisonné dans son propre couvent, ainsi que le P. Bourbon,—Faton ou Fanton et Sylvan, frère servant.

Des décrets successifs mirent les religieux,

expulsés de leurs couvents, à l'abri de la misère par des pensions qui, pour les ordres mendiants, furent taxées à 700 livres jusqu'à 50 ans, 800 liv. jusqu'à 70 ans et 1000 liv. après 70 ans. C'est ainsi que disparurent pour un moment les moines, dont quelques-uns prirent une large part aux actes révolutionnaires et d'autres rentrèrent plus tard dans le clergé régulier, ou conservèrent la vie civile.

Il ne nous reste plus, à dater de cette dissolution, qu'à suivre la destinée de ces édifices qui avaient fait la gloire et le salut de leurs fondateurs et, peut-être, le bonheur de ceux qui les habitèrent.

Le couvent de Chalon échappa à la vente des biens déclarés nationaux, mais il ne fut pas moins indignement pillé, depuis les choses consacrées, jusqu'aux ferrures et aux plombs, par une bande de vandales. Il ne tarda pas à recevoir une de ces destinations que les discordes politiques rendent souvent fatalement nécessaires. Il fut affecté à l'emprisonnement des victimes de la terrible loi des suspects, décrétée le 12 août 1793.

Quelle est la date précise des premières arrestations à Chalon? Il est probable qu'elle suivit de près le décret du 12 août.

Ce que nous savons de certain, d'après des documents imprimés que nous possédons, c'est que, le 13 frimaire an 2 de la *république française, une, indivisible et démocratique,* une assemblée du directoire du district de Chalon, tenue par les citoyens Lejour, président; Desbois, vice-président; Gauthier, administrateur; Rigaud, suppléant du procureur syndic et Ogier, secrétaire, relative à la séquestration, *jusqu'à la paix,* des biens de ceux *qui sont reconnus suspects,* ordonna au comité de surveillance de la commune de fournir la liste de *tous les individus suspects mis en état d'arrestation.* Il en résulte qu'à cette époque, il y avait eu de nombreuses arrestations antérieures au 24 brumaire, date de l'arrêté des représentants du peuple envoyés à *Commune affranchie* (Lyon), arrêté qui avait déterminé l'assemblée du directoire exécutif du district.

Nous avons la liste fournie par le Comité de surveillance de Chalon, le 6 nivose an 2 ; mais comme il ne s'agit ici que des personnes incarcérées aux Cordeliers, nous puiserons d'autres précieux renseignements à ce sujet dans un plan fort soigneusement dessiné par un des prisonniers, défunt M. Violet, ancien voyer de la ville, daté du 20 messidor an 2 et contenant les noms de 103 détenus avec les numéros des lits qu'ils occupaient.

Pour ajouter à l'intérêt de cette liste, nous joindrons aux noms les numéros, avec l'indication des chambres telles qu'elles étaient occupées à cette époque, en commençant par le rez-de-chaussée et en suivant par les étages.

Rez-de-chaussée *(aile droite).*

La chambre avant l'escalier était le logement du gardien.

1re *Chambre après l'escalier.*

N^{os}   40 Bottu, ex-antonin,
   41 Chofflet père,
   42 Chofflet ainé, receveur de l'hôpital,
   43 Truchis de Laie, ci-devant comte de Montagny,
   44 Descombes, de Chalon,
   45 Guillemot, vinaigrier,
   46 Protat, de Rosey.

Cette chambre est aujourd'hui le magasin d'habillement de la caserne.

2me *Et dernière chambre après l'escalier.*

Elle était remplie par des *fous pensionnaires* au nombre de trois : 1° Juillet, fils puîné, de Rosey, dans le cabinet du fond à droite ; 2° Daugi..., cabinet à gauche ; 3° Loiseau..., cabinet vers la fenêtre, à gauche. Nos anciens se rappellent parfaitement d'avoir vu ce fou furieux jeter sa vaisselle par les croisées.

Cette chambre est aujourd'hui le restaurant des sous-officiers ; le cabinet de Loiseau n'existe plus.

Rez-de-chaussée *(aile gauche)*.

Chambre de l'ancienne Sacristie, à gauche de l'escalier.

N°s 47 Deschamp, ci-devant administ. du district, de Palleau,
48 Leschenaut cadet, ex-noble de Chalon,
49 Rey fils, marchand de Chalon,
50 Royer, (Louis), commissionnaire, à Chalon,
51 Tarut,
52 Chofflet cadet, ci-devant receveur à Chalon,

Chambre à droite de l'escalier, avant le Réfectoire; ancienne salle du Chapitre.

N°s 53 Perrault père,
54 Perrault fils,
55 La Magdeleine,
56 Moirya, ex-noble, fils du ci-devant seigneur de Montagny.

Chambre entre le Réfectoire et la Cuisine.

N°s 57 Guillemin, curé,
58 Werner, allemand,
59 Bourbon, cordelier,
60 Caron, cordelier.

1er Étage *(aile droite, face extérieure)*.

Chambre du fond, à gauche, sur l'angle de la façade

d'entrée, occupant les deux fenêtres en retour de l'avant-corps du pavillon, où est aujourd'hui le logement du garde du génie.

N^{os}   1 Loyseau fils, ex-noble, de Chalon,
         2 Bard, négociant de Chalon,
         3 L'Espérance,
         4 Broissia, ex-noble de Chalon,
         5 Dampierre,
         6 Golyon, homme de loi de Chalon,
         7 Juillet, fils puîné, de Rosey.

Petite chambre à la 3me fenêtre.

N°   8 Caron, marchand à Chalon.

Id. à la 4me fenêtre.

N^{os}   9 Dorey oncle, marchand à Chalon.
        10 Dorey neveu,
        11 De Lespinasse aîné, libraire à Chalon.

Id. à la 5me fenêtre.

N^{os}   12 Garnier Ferdinand, ex-noble, de Dôle,
        13 Matrot,

Id. aux 7 et 8me fenêtres, celles après la fenêtre en pendentif de l'escalier.

N^{os}   14 Ville oncle,

15 Boulanger fils, marchand de fer à Chalon,
16 Boulanger père, id,
17 Chevalier, ci-devant homme de loi à Chalon.

Id. aux deux dernières fenêtres du Pavillon, vis-à-vis la loge des Francs-Maçons.

N[os]
18 Dujardin, accusateur public à Chalon,
19 Dumay,
20 Commaret, juge au trib. crim. de Chalon.
21 Bernigaud,
22 La Chalumette, ci-devant direct. des fermes à Chalon,
23 Chambertin-Jaubert,
24 Gilles-Robert, marchand à Chalon,
25 Darassy,
26 Grozelier.

MÊME ÉTAGE *(face intérieure).*

Chambre à la 1re fenêtre, près de l'aile centrale.

N°   27 Frazans.

Id. à la 2me fenêtre.

N[os]
28 Gauthier-Ryard, ex-noble de Chalon,
29 Richard, ex-noble de Dijon,
30 Gauthier-Latournelle, ex-noble de Chalon.

Id. à la 3ᵐᵉ fenêtre.

Nᵒˢ   31 Gauthier, ex-antonin de Chalon,
       32 Brondeau, ex-noble, id.

Id. à la 4ᵐᵉ fenêtre.

Nᵒ   33 Juillet oncle.

Id. aux 5 et 6ᵐᵉˢ fenêtres.

Nᵒˢ   34 De Lacuisine, de Chalon,
       35 Calard, curé de St.-Ambreuil,
       36 Bérard, ci-devant homme de loi.

Id. à la 7ᵐᵉ fenêtre.

Nᵒˢ   37 Brusson,
       38 Lantin.

Id. dernière fenêtre.

Nᵒ   39 Lantin-Moncoy, ex-noble de Chalon.

1ᵉʳ ÉTAGE *(aile gauche, face intérieure)*.

Chambre comprenant les deux premières fenêtres, vers l'aile centrale.

Nᵒˢ   61 Pittet,
       62 Gauthey, traiteur à Chalon,
       63 Delivany,

N°s 64 Darrieu,
 65 Violet, entrepreneur à Chalon, et depuis voyer,
 66 Canne, mendiant à Chalon. Celui que nous avons vu en jupons et que l'on appelait Canne le *piss...x*.

Id. la 3me fenêtre.

N°s 67 Mouton-Viard, de Chalon,
 68 Mouton-Cibert, ex-noble à Chalon.

Id. la 4me fenêtre.

N°s 69 Duparchy, tabletier à Chalon,
 70 Maistre, ci-devant maître aux comptes de Chalon.
 71 Deshenry, ex-noble de Chalon.

Id. la 5me fenêtre.

N°s 72 Ponnel, ci-devant receveur du grenier à sel de Chalon,
 73 Venot, ex-noble de Dijon,
 74 Grémelin, épicier de Chalon.

Id. la 6me fenêtre.

N°s 75 Riolet-Morteuil, ex-noble de Ste-Marie-les-Chalon,
 76 Burignot neveu, ci-devant noble à Chalon.

Id. la 7me fenêtre.

N°s 77 Leschenaud ainé, ex-noble,
    78 Leschenaud père, id.

Id. la 8me et dernière fenêtre.

N°s 79 Deschamps la Villeneuve fils,
    80 Perrault-Montrovet,
    81 Deschamps la Villeneuve père, ci-devant administrateur du district de Palléau.

MÊME ÉTAGE *(face extérieure).*

Chambre comprenant les deux fenêtres contre l'église, au nord.

N°s 82 Caumartin,
    83 Brunet ainé, vivant de son bien,
    84 Martin, ci-devant avoué, depuis commissaire de police à Chalon,
    85 Chrétien, notaire,
    86 Le Vieux, marchand.

Id. 1re fenêtre après l'escalier

N°s 87 Prin, vitrier,
    88 Vincent, ci-devant administ. du district.

Id. 2me fenêtre après l'escalier.

N°s 89 Peillon cadet, marchand,
90 Remond, de Chalon,
91 Fallot,

Id. 3me fenêtre après l'escalier.

N°s 92 Patuel, fils cadet,
93 Royer Saint-Micaud fils, ex-noble de Saint-Micaud,
94 Clarin, marchand.

Id. 4me fenêtre après l'escalier.

N°s 95 Cannat père, ci-devant homme de loi,
96 Cannat fils.

Id. 5me fenêtre après l'escalier.

N°s 97 Guy d'Ourroux, négociant,
98 Ville neveu,
99 Chauvin, commis, fils du postillon.

Dernière chambre à l'extrémité, comprenant les deux fenêtres du pavillon.

N°s 100 Sousselier, ex-noble,
101 Gâcon, ci-devant avoué,
102 Duhesme, ci-devant homme de loi,
103 Beuvrand-Simmonot, ex-noble.

Ces détenus aristocrates ne constatent que l'état de la prison au 20 messidor an 2; ils ne furent pas les seuls. Rien n'offre plus de mouvement qu'une prison et les places n'y restent pas long-temps vides. C'est ainsi que les Cordeliers furent occupés en outre par :

MM. Oudard, marchand; Valentin-Juillet, ci-devant directeur des Fermes; Magnien-Leschenault; Arnoult, de Dijon; le fils Callard, ex-noble; Montcoi, ex-noble; Décombe; Rafin-Lachapelle, ex-noble de Bragny; Chouard, notaire de Dijon; Paccard, ex-constituant; Girard, négociant; Suchet, huissier; Bezulier, de Dijon; Patuel ainé, marchand de bois; Pérard, ci-devant parlementaire; Broissia, ex-noble; Mouton, frère; Monginot, ex-noble; Édouard Foux, ci-devant adjudant-général, venant de l'armée; Perroux, ex-noble; Colmont, ex-noble de Givry; Cannat, ex-noble; Tircuire, ci-devant chapelain de Fontaine; Coste ainé, marchand; Brunet ainé, de Sermesse.

(MM. Cochon fils, médecin; Myard, volontaire; Coste cadet, marchand, devaient partager le sort des hommes de leur parti; mais ils avaient pris fort heureusement la fuite.)

Plusieurs dames subissaient, dans le même

moment, le sort de leurs maris; mais elles étaient incarcérées dans un autre couvent de Chalon.

Il serait trop long de raconter toutes les anecdotes auxquelles donnèrent lieu les grandes mesures de sécurité révolutionnaire et nationale. Il y eut alors, comme partout en France, des actes de dévoûment, des scènes dramatiques, des preuves de courage, des accès de folle gaîté, des tentatives d'évasion, des correspondances ingénieuses; enfin tout ce qui distingue le caractère français dans le péril ainsi que dans l'oisiveté. Les prisonniers, d'ailleurs, étaient traités avec douceur, ils communiquaient facilement entre eux et se promenaient à volonté dans la cour. On n'avait point encore inventé le philantropique régime cellulaire qui fait l'admiration des hommes d'Etat de nos jours et le désespoir des détenus : tout se perfectionne en ce monde! par-dessus tout les prisons... Au reste, il coula peu de sang dans notre cité, et tous ces prisonniers sortirent sains et sauf après le 9 thermidor an 3. Dieu soit loué!

Le malheur ne rend pas toujours les hommes meilleurs et ne leur inspire pas davantage l'indulgence et le pardon des injures. Après l'action révolutionnaire vint la réaction des modérés, qui, dans plusieurs villes surent mériter le surnom d'enragés. Comme que l'on retourne le cœur humain, ce sont les mêmes passions qui l'agitent sous des formes très-peu variées dans tous les partis.

Les démocrates ou républicains furent donc persécutés à leur tour. Ecoutez la pièce suivante :

« Extrait des minutes déposées au secrétariat de la commune de Chalon-sur-Saone.

« Au nom du peuple français. — Égalité, Liberté.

Lyon, 24 prairial an III...

« Le représentant du peuple, envoyé dans les départements de l'Ain, l'Aisne, Rhône, Loire, Saône-et-Loire.

« Vu la délibération de la commune de Chalon, du 16 de ce mois, portant nomination des commissaires chargés de faire un tableau des mauvais citoyens qui ont causé du trouble et commis des actes d'oppression, distinguer dans leur indication le crime de l'erreur ; l'opération desdits commissaires par laquelle les individus qui ont marqué d'une manière essentiellement nuisible à la tranquillité publique sous le règne de la terreur, sont divisés en trois classes.

« Après avoir entendu lesdits commissaires :

« Considérant que dans un moment où le terrorisme fait les derniers efforts pour se relever, où ses partisans *forment des coalitions* et *menacent la tranquillité publique*, il est urgent de prendre des mesures fortes qui leur ôtent les moyens de nuire tant que les dangers dont ils environnent la chose publique ne seront pas dissipés (1).

« Arrête ce qui suit :

« Les nommés Royer, ex-substitut de Fouquier-Tainville ; Reynal ; Biot ; Chambelland ainé ; Gault ; Roy, dit la Montagne, ex-membres du comité révolutionnaire ; — Foucherat ; Rozier, chapelier ; Mayer, chapelier ; Rabé, ex-administrateur du district ; Chevalier, ferblantier ; Leclerc, ex-directeur des postes ; Georgerat Charles, marchand ; Paclin fils, cordonnier ; Goint, juge,

---

(1) Ce sont les mêmes arguments que les républicains avaient employés contre les aristocrates ; c'est la loi des suspects appliquée par les aristocrates aux républicains. Tant il est vrai qu'en politique les lois violentes sont des armes à deux tranchants qui peuvent blesser ceux qui les portent.

seront de suite mis en arrestation et traduits dans les maisons de détention du district de Chalon, pour y rester jusqu'à ce qu'il en ait été autrement ordonné.

« Les nommés Lavrand, ex-accusateur public; Moine, ex-président du tribunal civil; Jandot, huissier; Theurier, tailleur; Derain, cordonnier; Jassemin, marchand de parasols; Herrard, sellier; Bottex, ex-greffier du tribunal; Bernard, tailleur; Daumas, serrurier, ex-membre du comité révolutionnaire; Barberet, bourrelier, *idem;* Beau, raiguiseur, *idem;* Crepet cadet, marchand; Bigneure, ex-receveur de l'agence nationale; Valier, chapelier, ex-membre du comité révolutionnaire; Brossard, notaire, *idem;* Ibry, chaudronnier, ex-juge du tribunal civil; Dussud, ex-greffier de ce tribunal; Dausse, tailleur; Lafouge, vitrier visiteur; Barollet, concierge des détenus; Goudard, menuisier; Guichard, notaire; Châtaigner, ex-curé; Yvon, maître d'écriture; Pagan, ex-curé; Cardon, ex-curé, seront mis en arrestation dans leurs domiciles; toutefois la municipalité est autorisée, soit à les employer aux travaux pour lesquels ils seront propres, soit à leur permettre de vaquer à leurs opérations. »

« Les nommés Schuller, brasseur; Maillard, charpentier; Grando, tailleur; Belin, tourneur; Bourguignon, cordonnier; Meunier Jacques, cordonnier; Videt, concierge; Baillet, maçon à St-Laurent; Cambazard fils; Moriau, vannier; Sauvageot, bourrelier; Menetrier cadet, cloutier ; Caristie cadet, plâtrier ; Pinot, menuisier ; Goyet ainé, papetier ; Ferdinand, domestique ; Favelle, aubergiste ; Gaudry, jardinier ; Sessé, tailleur ; Grossier, perruquier ; Gillot, serrurier ; Renaudin, cloutier ; Caristie ainé, plâtrier ; François Gremelin ; Charlet, apothicaire ; Maletrat, cafetier ; Seglas, marchand ; Guillarme, boulanger ; Martin Guichard, marchand ; Galopin, commis au district ; Roi, cabaretier ; Bellenand, traiteur ; Ricque, entrepreneur ; Malfoudey, marchand ; Teste, menuisier ; Saulnier, maréchal ; Chaune, chargeur ; Vallière, commis aux subsistances ; Daclin, Linage, perruquiers ; Chevrot, huissier ; Lefebvre, perruquier ; Vavrand, pêcheur ; Brigolet, maréchal ; Georget, visiteur des chemins ; Bataillard, manœuvre ; Colin, cafetier ; Lapierre, aubergiste ; Bonnardot, huissier ; Dudoux, tailleur ; Renault, commis au district ; Vacher, de Givry ; Milhaud, cordonnier ; Béziat, frippier ; Demié, coutelier, resteront libres de leurs personnes, mais seront sous la surveillance immédiate de la municipalité de Chalon, et seront désarmés.

« Le procureur de la commune est chargé de l'exécution du présent. »

Signé à l'original : *Ferroux* et *Poulain-Grand-Pré*.

Pour copie conforme, signé : *Gaudeau*, secrétaire adj.

Les suspects révolutionnaires de la première catégorie furent incarcérés aux Cordeliers et prirent la place des suspects royalistes devenus réactionnaires. Il faut convenir que les peines imposées aux autres catégories furent bien modérées; mais il y eut une large compensation à cette modération dans mille autres lieux, où la réaction fit verser autant de sang que la terreur proprement dite. On peut comprendre alors la qualification bizarre d'*enragé modéré*.

Les fils des hommes de cette époque sont encore divisés d'opinion sur les mêmes principes et les mêmes intérêts que leurs pères. Il y a un demi-siècle que cela dure : quand donc tous les partis, éclairés enfin par l'éclat de la vérité, qui leur brûle les yeux, se donneront-ils la main pour marcher unis et heureux en répétant unanimement ces mots sacramentels, véritable formule religieuse de la révolution et qui ne sont autre chose que le résumé de toute la philosophie chrétienne : *Liberté, égalité, fraternité!*

8.

Dernières destinées du couvent et de l'église des Cordeliers. — Magasin de vin. — Manége. — Dépôt de prisonniers de guerre. — Hôpital. — Caserne. — Écurie. — Congrès musical.

Les luttes politiques et les proscriptions ayant cessé, le destin des édifices que nous venons de décrire ne fut point amélioré. L'église fut louée d'abord à un négociant qui en fit un magasin de vins ; puis, dès les premières années de ce siècle, elle devint un manège dans les mains de l'écuyer De Pont.

En 1804, elle reçut en dépôt, ainsi que les bâtiments du couvent, des prisonniers autrichiens dont la France fut inondée à la suite des nombreuses victoires de nos armées.

Par décret impérial du 23 avril 1810, les bâtiments du couvent des Cordeliers, avec l'église, furent donnés en toute propriété à la ville de Chalon, pour entrer en jouissance au 1er juillet, à la charge de leur entretien.

En 1811 et 1812, les prisonniers espagnols succédèrent aux Autrichiens.

Ce fut dans ces circonstances qu'on sépara le chœur ou l'abside du reste de l'église, par une cloison qui s'élève jusqu'au faux plancher et qui existe de nos jours. Le chœur, ô triste instabilité des choses humaines! le chœur lui-même fut changé en cuisine et on le voit encore affreusement noirci par la fumée des fourneaux où fut préparée la maigre pitance des soldats vaincus. N'était-ce pas, au reste, une nouvelle destination religieuse? dans les volontés de Dieu la nourriture du corps est aussi indispensable que celle de l'ame.

En 1814, lors de la première invasion, l'église et les autres bâtiments devinrent une succursale de l'hôpital, trop étroit pour contenir les nombreux blessés des armées étrangères après les combats sanglants qui furent livrés près de Lyon. Ce fut encore une pieuse destination! Ce n'était point assez cependant des fureurs de la guerre pour en décimer les victimes; une affreuse épidémie répandit ses ravages dans le nouvel hospice où le dévoûment des médecins, des prêtres et des serviteurs lutta courageusement contre le fléau. M. de *Saint-Géran*, aumônier des malades, y mourut martyr de son zèle religieux et le pauvre *Canne*, dont nous avons vu avec étonnement le nom parmi ceux des prisonniers suspects de l'an 11, y contracta dans le service qui lui valait un faible salaire, la maladie qui devait l'enlever à son existence impotente.

Depuis la Restauration, les bâtiments des Cordeliers ont été décidément appropriés au service militaire et ils ne sont plus connus que sous le nom de *Caserne*. Le régiment des chasseurs de Marie-Thérèse, célèbre dans nos contrées par son exaltation ultrà-monarchique, y tint un des premiers garnison et fit de l'église son écurie. Les murs, autrefois ornés d'autels et de tableaux religieux, furent garnis de rateliers et de mangeoires; au lieu de la psalmodie des prêtres, on n'entendit plus que le hennissement des chevaux et les gaillardises des cavaliers. Cet état ne dura pas long-temps; l'infanterie remplaça bientôt la cavalerie et ses bataillons se sont succédé avec rapidité jusqu'à nos jours (*).

L'église fut alors abandonnée et ne contenait plus que le dépôt des rateliers, des mangeoires et des traiteaux remplis de vermine qui avaient servi de supports aux durs matelas des soldats avant l'utile innovation des lits de fer.

C'est dans cet état que notre vieille basilique fut choisie par la commission du Festival chalonnais pour devenir le théâtre du deuxième Congrès musical de 1842 (**).

(*) L'église et les chapelles doivent, dit-on, être démolies incessamment pour faire place à un corps de bâtiment plus large que l'aile centrale et qui permettra de loger un bataillon complet à la caserne. Cette construction sera coordonnée de telle manière qu'une rue sera ménagée sur une partie de la largeur de l'église pour aller jusqu'au rempart et isoler les bâtiments. Notre monographie sera donc le seul souvenir de ce vénérable monument. Nous regrettons de ne pouvoir reproduire en entier, par la lithographie, le plan du 20 messidor, que nous possédons, car il est fait pour exciter la curiosité et l'intérêt des nombreuses familles qui pourraient y retrouver une tradition. Nous le publierions, cependant avec plaisir, si la demande nous en était faite par un certain nombre de personnes.

(**) Voir la deuxième partie ou *Deuxième Congrès Musical*.

www.ingramcontent.com/pod-product-compliance
Lightning Source LLC
LaVergne TN
LVHW050559090426
835512LV00008B/1245